Mediunidade na Umbanda

Você é uma antena!

ELIANA PACCO

Eliana Pacco

Mediunidade na Umbanda
Você é uma antena!

São José dos Campos/SP
2016

Proibida a reprodução total ou parcial desta obra, de qualquer forma ou por qualquer meio eletrônico, mecânico, inclusive por meio de xerografia, incluindo o uso da internet, sem a permissão expressa da autora. E-mail elianapacco@gmail.com

Copyright © 2016 Eliana Pacco
Todos os direitos reservados.
ISBN: 9781521929025

Para **DANIELLA ALVARENGA**

SUMÁRIO

MEDIUNIDADE NA UMBANDA **9**
A MEDIUNIDADE NA UMBANDA NÃO É UM BALCÃO DE ATENDIMENTO *11*
    A mediunidade não é castigo 11
A MEDIUNIDADE NA UMBANDA É SINTONIA *12*
VOCÊ É UMA ANTENA *12*

INCORPORAÇÃO NA UMBANDA **19**
INCORPORAÇÃO CONSCIENTE *20*
INCORPORAÇÃO SEMICONSCIENTE *22*
INCORPORAÇÃO INCONSCIENTE *23*

O MÉDIUM DA UMBANDA **29**
O QUE É ANIMISMO *39*
    Animismo não é mistificação! 42
O QUE É MISTIFICAÇÃO *45*
DESENVOLVIMENTO *48*
    Giras de Desenvolvimento 52

OBSESSÃO, POSSESSÃO E VAMPIRISMO **59**
OBSESSÃO *60*
OS VÁRIOS TIPOS DE OBSESSÃO *61*
POSSESSÃO *64*
    Possessão Mental 64
    Possessão Física 65
VAMPIRO OU SUGADOR DE ENERGIA *65*
    Energia Vital 66
    Como identificar um sugador de energia 69
CADA UM ESTÁ ONDE LHE CONVÉM *71*

NOTA DA AUTORA

Este livro é parte da obra intitulada "Umbanda, Muito Prazer!" e pretende tornar acessível o entendimento sobre a mediunidade na Umbanda, os tipos de incorporação, esclarecer a diferença entre animismo e mistificação, e mostrar de forma simples os tipos de obsessão espiritual, possessão e vampirismo aos quais todos estão sujeitos.

ELIANA PACCO

1.

MEDIUNIDADE NA UMBANDA

"Mediunidade, na essência, é afinidade, é sintonia, estabelecendo a possibilidade do intercâmbio espiritual entre as criaturas, que se identifiquem na mesma faixa de emoção e de pensamento." (Chico Xavier)

Os espíritos são seres humanos desencarnados e continuam sendo como eram quando encarnados, bons ou maus, sérios ou brincalhões, trabalhadores ou preguiçosos, cultos ou medíocres, verdadeiros ou mentirosos. Eles estão por toda parte e não estão ociosos, pelo contrário, eles têm as suas ocupações. Através dos denominados médiuns podem se quiserem, comunicar-se com os que estão limitados ao corpo físico. A comunicação se dá em conformidade com o tipo de mediunidade, sendo as mais conhecidas pela fala (psicofonia), pela escrita (psicografia), pela visão (vidência) e pela intuição, da qual todos guardam experiências pessoais.

Muitos já ouviram dizer que quem tem mediunidade precisa desenvolver senão vai ser perturbado por espíritos, ou que a vida não vai para frente. Do jeito como se coloca a questão parece que a pessoa não tem escolha e soa como ameaça. Outros ainda dizem que a mediunidade é como uma espécie de moeda a se pagar por dívidas contraídas no passado, como um carma ruim que o médium tem que resgatar.

Será que a mediunidade é um carma pesado imposto por um deus vingativo? Mediunidade é a capacidade de comunicar-se com o plano espiritual, e não há nem mesmo um único ser humano encarnado que não seja capaz dessa interligação. Em cada momento da vida, sem exceção, todos têm auxílio do plano espiritual. Pode-se dizer que tal comunicabilidade **é uma faculdade humana** da mesma forma que a memória, inteligência, etc. Todos os seres humanos, independente da crença religiosa, são médiuns de uma forma geral, todos estão em contato com os Espíritos e são por eles influenciados. Alguns consideram a mediunidade como uma espécie de *"sexto sentido"*, ou seja, um sentido além dos cinco sentidos físicos. É preciso que se entenda que não é um privilégio, e sim dom inerente a todos os seres e cada um o manifesta em determinado grau, e **cada**

criatura assimila as forças superiores ou inferiores com as quais sintoniza.

A MEDIUNIDADE NA UMBANDA NÃO É UM BALCÃO DE ATENDIMENTO

A mediunidade na Umbanda não é um balcão de atendimento ou um pronto socorro ao qual se recorre para resolver problemas, curar doenças, conseguir emprego ou trazer "o amor" de volta. Não serve como oráculo para dizer o que a pessoa deve fazer ou decidir, porque nem os Guias de Umbanda tem autorização do Criador para interferir no livre arbítrio do ser humano. Ninguém vai acertar os números da Mega Sena porque frequenta Terreiro, nem os Guias vão dar um jeito de enriquecer alguém não importa quantos "despachos" fizer ou quantas velas acender. Muitos que procuram um Terreiro para afastar "espírito" que não deixa a vida "ir pra frente", faria melhor se mudasse de atitude e começasse a pensar onde está errando e como corrigir. Desempregado terá mais êxito se, ao invés de ir ao Terreiro pedir para o Guia lhe arrumar emprego, matricular-se em curso de atualização ou aprender nova profissão.

A mediunidade não é castigo

A mediunidade não é castigo, não é punição, não

faz milagre. Os médiuns e seus Guias não são entidades com poderes especiais e com conhecimentos acima da maioria, porque tanto um como outro só conhece o que suas experiências e vivências lhes proporcionaram, e ambos só vão crescer mediante esforço pessoal, igual a todo mundo.

A MEDIUNIDADE NA UMBANDA É SINTONIA

A mediunidade na Umbanda é sintonia e troca de experiência entre o médium e seus Guias, é um aprender constante porque raramente há perda de consciência, e deste modo o médium sempre aprenderá e somará às suas as experiências envolvidas por todas as partes.

A mediunidade na Umbanda é aperfeiçoamento diário dos valores e sentimentos, e é trabalho incessante porque não estando pronta e acabada **necessita de estudo**, aperfeiçoamento pelo tempo, pela honestidade e compromisso.

VOCÊ É UMA ANTENA

Você é uma antena e não importa se é umbandista, católico, evangélico, muçulmano, judeu, se não tem nenhuma religião ou se simplesmente não acredita em nada.

Você é uma antena destinada a receber e transmitir sinais que se irradiam pelo éter. Tudo ao redor está tomado por "ondas mentais" formadas a partir dos próprios pensamentos e do pensar de todos os seres encarnados e desencarnados. É igual aos sinais de rádio e televisão em que alguém transmite e alguém recebe.

Todas as pessoas são como antenas abertas que captam sinais vindos de **todas** as direções para o centro da antena onde está o "captador" que na Umbanda é chamado Orí, e é onde são concentrados todos os sinais, mesmo os mais fracos. O Orí, também chamado de Coroa, fica no topo da cabeça que é o ponto onde se recebe todas as irradiações provenientes dos mundos visíveis e invisíveis (espiritual), tanto para o bem quanto para o mal. Algumas religiões denominam o Orí de "Sahasrara", que é o 7º Chakra chamado Coronário ou da Coroa.

Cada pessoa é um aparelho de televisão e possui meios próprios para "pegar" um canal em particular, filtrando ou excluindo os demais. Se a pessoa sintonizar seu receptor numa faixa de frequência que quem está transmitindo é cheio de ódio, inveja, rancor, *é esse programa que vai passar em sua vida.* A pessoa começa a ficar com raiva de tudo, incomodada, não encontra sossego, e como consequência as coisas em sua vida começam a dar errado. Ela vai ao Terreiro para *"abrir seus caminhos que estão fechados"*, mas não adianta.

Vamos dar um exemplo de sintonia entre as mentes. Imagine um sujeito que bebe álcool ao ponto de cair pelas esquinas. Convide-o para ir a uma festa onde só será servido suco ou refrigerante. Mesmo que ele aceite vai se sentir deslocado. Agora o convide para ir jogar conversa fora no botequim e na hora aceitará porque estará junto daqueles que tem interesses semelhantes. Comumente os espíritos que eram viciados no alcoolismo enquanto estavam encarnados, não conseguindo se livrar da dependência, ao desencarnarem transmitem sugestões mentais da bebida e aquele cuja antena captar essa faixa de frequência vai ceder aos apelos para o viciado usufruir das emanações do álcool que ele, embriagando-se, libera.

PERGUNTAS

COMO FUGIR DA ARMADILHA DE ESTAR SINTONIZADO COM MENTES QUE ME ABSORVAM AS FORÇAS E ME INDUZAM RUMO AO FUNDO DO POÇO? Escolhendo qual canal sua televisão vai sintonizar. A antena está aberta, mas isso não significa que a TV tem que sintonizar todos os canais. A prática da caridade rompe os sentimentos inferiores e os misericordiosos serão transmissores de fraternidade, consequentemente entrarão numa faixa de frequência do bem. Sentindo que sua televisão está recebendo sinais de inveja, ódio, vingança, imediatamente mude de canal, **só você pode**.

O QUE QUER DIZER COM "TODO MUNDO PODE ESCOLHER A SINTONIA DE SUA ANTENA E FILTRAR O PROGRAMA QUE VAI ASSISTIR"? Cada ser humano que vive, seja no corpo físico ou fora dele, recebe sinais que combinam com seu modo de ser, ou seja, assiste aos programas que sua antena interna captou. E retransmite programas gerados pelos seus pensamentos e vontade, sempre de acordo com o próprio modo de pensar e agir. Aquele que cultivar maus pensamentos, más palavras e atitudes ruins, certamente entrará em sintonia com frequência semelhante. Muitos reclamam que a vida está uma droga, que tem *"trabalho de macumba feito para as coisas não andarem"*, mas é necessário que se esclareça que na imensa maioria das vezes não tem nada feito, é a própria pessoa causando a sua ruína com palavras irresponsáveis, pensamentos descuidados e atos inconsequentes.

O QUE SÃO OS SUGADORES DE ENERGIA? O ser humano é um ente complexo que pode ser definido sob o prisma da ciência, da religião, filosofia etc. Cada um tem seus pensamentos, crenças e outras particularidades. Porém, há um ponto em comum entre todos os seres que é seu componente energético e sua influência na natureza e em outros organismos da criação. **Pensamentos emitem energias, a mente sintoniza e o espírito absorve energias do ambiente.** Estamos imersos em um incalculável e profundíssimo oceano de vibrações e energias e nele transitamos, influenciamos e somos influenciados por ondas energéticas e vibratórias, das quais absorvemos "forças vivas" das mais diversas, e de forma automática. Quando as criaturas se aproximam são estabelecidas as mais variadas combinações energéticas, uns influenciando os outros. Sempre que há aproximação entre as pessoas ocorre uma mistura ou associação de *forças vivas*, que nada mais é que o conjunto de entidades que contribuem para a prosperidade de um lugar (ou de uma região). Isso quer dizer que as pessoas estão permanentemente trocando energia entre elas. Por exemplo, quase todos já tiveram a terrível experiência de, depois de ter se encontrado com determinada pessoa, sentir-se fraco, com mal estar, inexplicavelmente desanimado, tornando-se vítima da ação de sugador de energia, indivíduo que tem a lastimável capacidade de tornar o ambiente desagradável e subtrair as forças alheias. **É preciso constante vigilância sobre os próprios pensamentos para evitar a sintonia mental e espiritual com seres desequilibrados.**

COMO PODEREMOS COMPREENDER O ÉTER? No livro O Consolador q. 20 – Emmanuel, psicografia de Francisco Cândido Xavier, há interessante explicação sobre o éter. Diz ele: "Nos círculos científicos do planeta muito se tem falado do éter, sem que possa alguém fornecer uma imagem perfeita da sua realidade, nas convenções conhecidas. E, de fato, o homem não pode imaginá-lo, dentro das percepções acanhadas da sua mente. Por nossa vez não poderemos proporcionar a vós outros uma noção mais avançada, em vista da ausência de termos de analogia. Se, como desencarnados, começamos a examiná-lo na sua essência profunda, para os homens da Terra o éter é quase uma abstração. De qualquer modo, porém, busquemos entendê-lo como fluido sagrado da vida, que se encontra em todo o cosmo; fluido essencial do Universo, que, em todas as direções, é o veículo do pensamento divino.".

COMO DESCOBRIR QUAL É A MINHA MISSÃO ESPIRITUAL NESSA VIDA? Preste atenção aos convites da espiritualidade e estude-se como ser humano, pergunte a si mesmo o que faz aqui nesse plano de existência. Todos somos espíritos encarnados com um carma a resgatar, com novos aprendizados a compreender diariamente. *"A maior missão na vida de todos os que aqui encarnam é aprender a usar o seu livre arbítrio" (Zé Pelintra).*

2.

INCORPORAÇÃO NA UMBANDA

"O Espírito não entra num corpo como entras numa casa. Identifica-se com um Espírito encarnado, cujos defeitos e qualidades sejam os mesmos que os seus, a fim de obrar conjuntamente com ele. Mas, o encarnado é sempre quem atua, conforme quer, sobre a matéria de que se acha revestido. Um Espírito não pode substituir-se ao que está encarnado, por isso que este terá que permanecer ligado ao seu corpo até ao termo fixado para sua existência material." (Kardec)

Conforme o tipo de faculdade que possui, o médium permanece com as percepções normais, e neste caso é denominado de **"médium consciente"**. Se seu estado de percepção for muito mais sensível, é chamado **"médium semiconsciente"**. Se adquirir uma forma semelhante ao sonambulismo, este será o **"médium inconsciente"**. Seja qual for a mediunidade é importante todo médium de Umbanda perceber a colossal responsabilidade que tem por tudo o que se fala e se faz através dele. É de necessidade fundamental entender que *o corpo mediúnico de um Terreiro de Umbanda pode ser comparado a uma orquestra, onde todos os sons sempre são dos instrumentos: os médiuns são os instrumentos, os Guias são os sons.*

PERGUNTA

O QUE É INCORPORAR? É perceber a diferença delicada e quase imperceptível entre o médium e seu Guia, notar a característica de cada Entidade sem que seja preciso ser verbalizada ou observada. No início da incorporação o médium segue um modelo que lhe serve de referência, geralmente o Dirigente do Terreiro ou os irmãos mais antigos na religião. Mas aos poucos vai conhecendo a personalidade de todos os seus Guias, reconhecendo sua forma de trabalhar, os gestos e posturas.

INCORPORAÇÃO CONSCIENTE

Na mediunidade consciente o médium recebe o pensamento do Guia e em seguida transmite a mensagem de seu modo particular, com suas palavras e capacidade de expressão. **Por isso há tanta diferença de postura entre as Entidades, sendo algumas mais eruditas, outras menos instruídas, e a ten-**

dência é atribuir a simplicidade da manifestação ao Guia quando na verdade, quase sempre se trata da limitação cultural do médium. Mas é bom que fique claro que isto em nada diminui o valor dos ensinamentos nem do trabalho espiritual do médium e do Guia. Com o tempo e principalmente com estudo, vai ficando cada vez mais fácil para o médium captar e entender as ideias recebidas através de sugestões mentais que recebe das Entidades, mas *sempre será o médium que as interpreta e comunica com suas próprias palavras*, adquirindo com o passar da fase de desenvolvimento inclusive a capacidade de expressar também os sentimentos da Entidade, com o mínimo de interferência pessoal.

Através do estudo e da confiança entre o Guia e o médium chega-se a tal entendimento que poderá nem haver mais interferência.

Uma dúvida que angustia os médiuns, principalmente os iniciantes, é que parece que é ele quem age e fala e não uma Entidade alheia. Esse sentimento é normal porque o médium está começando a conhecer a transmissão do pensamento de modo ostensivo, tudo é novidade para ele. Como prova de que tal comunicação não é "pura imaginação", vemos médiuns dando mensagens que ultrapassam o seu entendimento ou concepção comum que tem da vida, ou falando sobre coisas pessoais com quem jamais viu e sobre fatos que não eram do seu conhecimento.

PERGUNTA

NA INCORPORAÇÃO CONSCIENTE O MÉDIUM SE AFASTA DO CORPO? Na incorporação consciente não se afasta, apenas sintoniza-se mentalmente com o Guia para receber telepaticamente a influência e transmiti-la, porém às sugestões mentais não são acrescidos sentimentos e sensações. Sabe que está recebendo uma influência fora do comum quando o assunto tratado está fora das cogitações do médium, ou mesmo contrário a seus pontos de vista. O médium tem plena consciência do que está acontecendo e ao finalizar a incorporação lembra-se de tudo o que ocorreu, pois permaneceu com suas percepções normais.

INCORPORAÇÃO SEMICONSCIENTE

Com o passar do tempo, e já familiarizado com a sintonia mental e as vibrações energéticas dos seus Guias, o médium continua a receber telepaticamente as ideias e a transmiti-las, porém suas mentes estarão tão perfeitamente sintonizadas e ocasionando plena harmonia vibratória, que ambos estarão magnetizados como um imã.

A força mental e vibratória do Guia atuando sobre o sistema nervoso do médium faz com que tenha pensamentos e sentimentos que ele entende inequivocamente não serem seus, tem ideias que vem de fora, sugestões mentais carregadas de sensações. O médium recebe as mensagens, interpreta-as e expressa **com suas palavras**. Terminada a Gira muitas vezes o médium só lembra vagamente do que foi tratado.

PERGUNTA

NA INCORPORAÇÃO SEMICONSCIENTE O MÉDIUM SE AFASTA DO CORPO? Na incorporação semiconsciente o médium não se afasta do corpo, mas sintoniza mente-a-mente e se harmoniza com a vibração energética do Guia para receber telepaticamente a influência estranha, e posteriormente transmiti-la. Recebe sugestões de sentimentos e sensações.

INCORPORAÇÃO INCONSCIENTE

A mediunidade inconsciente era muito comum no início da Umbanda há cem anos, quando os primeiros trabalhadores espirituais da religião que nascia precisavam fazer coisas incomuns para serem acreditados. Eram constantemente incitados a andar sobre as brasas para provar que não se tratava de uma fraude, ou beber litros de cachaça sem deixar o médium bêbado. Mas esse tempo passou e hoje não é preciso provar nada porque há os que *acreditam*, e para esses não há porque provar coisa alguma. E há os que *não acreditam* e para esses do mesmo modo não há porque provar coisa alguma, porque simplesmente não acreditam. Hoje em dia são raros os médiuns completamente inconscientes, e se assim não fosse seriam largamente prejudicados na medida em que não aproveitariam dos conselhos, lições e boas palavras dos Guias que com ele trabalham no campo fértil da caridade, que é o pilar da religião de Umbanda. Na incorporação inconsciente efetua-se o "ajuste perispiritual" entre o médium e o Guia que transmite diretamente a mensagem, e o médium fala como em estado de sonambulismo. É importante entender que nenhum Guia "toma" o corpo do médium assumindo o lugar da sua alma, o que ocorre é que ambos se comunicam de perispírito a perispírito (de mente-a-mente), e esse estado na Umbanda se chama "incorporação". Não raro os Guias incorporados expõem assuntos que transcendem os limites do conhecimento do médium.

PERGUNTAS

NA INCORPORAÇÃO INCONSCIENTE O MÉDIUM SE AFASTA DO CORPO? Sim, o médium afasta-se do corpo ao qual, segundo os clarividentes, fica unido por um cordão fluídico e ele entra em estado de sonolência ou transe. Quando a mensagem é transmitida por essa forma de mediunidade de incorporação o médium estará totalmente ausente, porém esse tipo de mediunidade exige afinidade total do médium com o Guia, ambos devem vibrar na mesma sintonia. Embora inconsciente da mensagem, o médium muitas vezes permanece junto do Guia, auxiliando- o. Ou quando tem plena confiança no Espírito que se comunica, poderá afastar-se em outras atividades. Importante esclarecer que a incorporação é de responsabilidade do médium, e por isso se algo lhe acontecer ele poderá despertar automaticamente. O mesmo não acontecerá se, ao invés do Guia, estiver sob a influência de obsessor. Os trabalhadores espirituais de diversos Terreiros distintos têm explicado que, nas últimas décadas, não encarna médium totalmente inconsciente porque não é mais finalidade na Umbanda que assim seja.

NA MEDIUNIDADE INCONSCIENTE O MÉDIUM ESTÁ A MERCÊ DA VONTADE DO GUIA? PODE O GUIA FAZER O QUE QUISER? Não, mesmo na incorporação inconsciente o médium é o responsável pela boa disciplina do desempenho mediúnico, porque somente com o seu consentimento o Guia poderá realizar algo. Mesmo estando em condições de passividade total, se o Guia comunicante quiser realizar algo que venha contra seus princípios, ele imediatamente tomará o controle do seu organismo, despertando.

INCORPORAÇÃO INCONSCIENTE É MELHOR QUE CONSCIENTE? OU AINDA, O MÉDIUM INCONSCIENTE É MAIS EVOLUÍDO QUE O CONSCIENTE? De forma nenhuma. Não existe incorporação melhor que outra. E o tipo de mediunidade não está relacionado com grau de evolução do médium nem é comprovação de força espiritual do Guia. Também pode ocorrer que, de acordo com o interesse dos Guias, apenas certas manifestações sejam conscientes no médium e outras não.

A MEDIUNIDADE INCONSCIENTE TRAZ SUPERIORIDADE MEDIÚNICA AO MÉDIUM? É GARANTIA DE QUALIDADE? Não. O que dá superioridade e garantia em qualquer tipo de mediunidade é a qualidade moral do médium, a responsabilidade e seriedade com que encara sua missão.

O QUE É PERISPÍRITO? É como uma espécie de laço que liga o corpo ao espírito. Quando o Espírito está encarnado, o perispírito é o que serve como elo entre o Espírito e a matéria. Desencarnado, o perispírito faz o papel de corpo com o qual o Espírito se manifesta, é através do perispírito que o Espírito recebe as sensações do ambiente ou nele atua. Tem a mesma forma do corpo físico e é conhecido como "**arquivo da alma**", porque tudo que fazemos ao nosso corpo material também se manifesta no perispírito. Por exemplo, um fumante de longa data nesta encarnação sofrerá as consequências do fumo após a morte do corpo físico uma vez que não só os pulmões são lesados, mas também o perispírito. E essa lesão repercutirá em nova existência, por meio da reencarnação, uma vez que o perispírito serve de molde para a formação do corpo em vida futura, onde será possível que, reencarnado, o novo corpo desenvolva alguma doença pulmonar. Outro exemplo, um fumante inveterado sentirá falta da nicotina após o desligamento do corpo físico. Da mesma forma o alcoólatra.

ELIANA PACCO

3.

O MÉDIUM DA UMBANDA

Médium é toda pessoa que sente num grau qualquer a influência dos Espíritos. Essa faculdade é inerente ao ser humano e, por conseguinte, não constitui um privilégio exclusivo.
(Allan Kardec, O Livro dos Médiuns, capítulo XIV)

Todo médium, inclusive o umbandista, não recebe palavras dos Guias, recebe pensamentos. Portanto não transmite palavras, transmite pensamentos. Por isso uma questão que se impõe é: por que é tão disseminado em Terreiros de Umbanda médiuns que recebem Guias espirituais que falam em línguas indecifráveis ou em dialetos obscuros? Como se explica que o Guia transmita para os médiuns, em sua imensa maioria consciente, palavras que o próprio médium desconhece? E se desconhece como pode transmitir-lhes os pensamentos?

Exemplar a prática já adotada em 1930 na União Espírita Trabalhadores de Jesus, quando médium começava a engrolar imediatamente se dizia ao espírito julgado presente *"Meu irmão, vós estais faltando com a caridade para conosco; ide ao espaço e aprendei a língua que falamos e depois podeis voltar"*.

Muitas religiões e filosofias espíritas e espiritualistas, dentre as quais a religião de Umbanda, afirmam que o espírito continua a existir mesmo depois da morte física, apenas os encarnados não podem mais vê-los com os olhos da matéria. Os que negam a existência de vida após a morte dizem que o que os olhos não veem não existe. Mas o que nossos olhos veem?

Por exemplo, a energia luminosa solar e das lâmpadas fluorescentes e incandescentes é denominada de luz branca. Através de instrumento apropriado os cientistas conseguiram dividi-la em partes, e na luz que enxergamos branca encontraram várias tonalidades de cores, ou seja, a luz branca é composta por um conjunto de cores, mas quando todas estão se propagando juntas o olho humano não as enxergam. Também há outras radiações que estão fora da faixa do visível não sendo detectadas pelos olhos, como por exemplo, a radiação infravermelha e ultravioleta, que são invisíveis aos sensores da visão humana, mas completamente visíveis a muitas criaturas, incluindo aves e pássaros. Aumentando a intensidade de uma fonte luminosa não se consegue mais enxergá-la, mas existem seres com olhos tão poderosos que poderão ver.

A visão é um plano das vibrações, por isso todos os seres em idêntico estado de vibração vêm-se uns aos outros, mas os seres que representam estados vibratórios diferentes não são vistos. Se as vibrações forem muito baixas os humanos não enxergam a luz, porém há animais, como os gatos e as corujas, que podem vê-la.

A capacidade visual é apenas um plano das vibrações, mas há outros como a atmosfera, por exemplo, que se acha constituída de camada sobre camada, como uma cebola. As camadas próximas da terra são mais densas que as afastadas. Quanto mais próxima da terra mais espessa, carregada e cerrada. Conforme se vai para cima a atmosfera se torna mais e mais fina, tênue, sutil. Outro exemplo é o oceano, que quanto mais fundo mais aumenta a pressão da água, e os animais que vivem no fundo do mar nunca sobem à tona porque se despedaçariam igual aos seres humanos que descessem na profundidade de sua morada.

No mundo dos espíritos é o mesmo fundamento. Imagine um círculo onde o centro é o mundo espiritual com um grau de vibração rápido, em seguida é o plano da mente mais próximo do centro, e o plano externo é o mundo da matéria com vibrações vagarosas. Quanto mais longe do centro mais lentas são as vibrações. Aqueles que vivem num certo plano de vibração terão o poder de reconhecerem-se uns aos outros, mas não conhecerão os que estão acima ou abaixo. Para deixar mais claro vamos supor que a sala ou o ambiente em que você se localiza agora está cheia de seres que não podem ser vistos, porque eles estão em estado vibratório mais rápido, e você em estado mais lento. Todos são parte do mesmo círculo, diferentes apenas na intensidade de vibração, e se você puder atingir um estado vibratório mais intenso, esses seres espirituais que você não tinha contato aparecerão. **E quando se consegue esse contato, torna-se médium, que em latim significa "intermediário".** Ser médium é vibrar de forma a poder sintonizar com inteligências que estão em outro plano, e isso se consegue com estudo, técnica e paciência.

PERGUNTAS

COMO O MÉDIUM PODE IMPEDIR QUE ESPÍRITO MENOS ESCLARECIDO FALE O QUE BEM QUISER? Entidades perversas e grosseiras raramente chegam a entrar em Terreiro de Umbanda sério, porque há sustentação dos Exus no entorno e é por isso também que não se aconselha o médium incorporar em outro local, considerando que kiumbas **não são** atraídos onde há um padrão vibratório digno. *Guias de Umbanda jamais são inconsequentes seja no agir ou no falar,* os médiuns são responsáveis por todas as comunicações porque tudo o que ele atrai é resultado de seu hábito mental, assim se o médium não distingue os seus pensamentos dos pensamentos de quem se comunica, além de faltar-lhe bom senso também precisa repensar sua conduta intelecto-moral.

QUE RESPONSABILIDADE TEM O MÉDIUM SE PRATICAR UM ATO SOB A INFLUÊNCIA DE ESPÍRITO? Responsabilidade total. Quando ouvimos dizer que alguém cometeu determinado ato porque estava sofrendo a atuação de espírito inferior, mesmo que seja verdade, não se isenta de forma alguma da responsabilidade integral por qualquer ato que venha a praticar, porque o espírito encontrou ali respaldo para suas atuações maléficas, encontrou sintonia.

E SE A PESSOA NEM MESMO PERCEBER QUE ESTÁ AGINDO SOB A INFLUÊNCIA DE ESPÍRITO INFERIOR? Aí a situação torna-se ainda mais dolorosa porque a sintonia é tão perfeita que ambos trocam mutuamente os sentimentos e energias, e suas intenções são tão iguais que a pessoa que está agindo sob a atuação de espírito inferior nem tenta se defender, ela não quer ser afastada do obsessor, um emaranhou-se no outro como o parasita e seu hospedeiro.

EU TENHO RECEIO DE SOFRER ATAQUES DE MAUS ESPÍRITOS SE FREQUENTAR A UMBANDA. Para que as influências, tanto negativa quanto positiva, atuem na vida **é fundamental haver sintonia**. Lembre-se que o corpo é seu, a mente é sua, portanto nenhuma força tomará conta de você se você não permitir ou sintonizar com ela.

QUAIS OS PERIGOS QUE SE SUJEITAM OS MÉDIUNS NO QUE DIZ RESPEITO A SUA MEDIUNIDADE? PRINCIPALMENTE OS QUE JÁ TRABALHAM NA UMBANDA HÁ MUITO TEMPO? O primeiro perigo e o mais penoso, é a vaidade. Grande parte dos médiuns se acredita privilegiada porque possui mediunidade como se fosse mérito pessoal. Ser preguiçoso é outro perigo, recusando-se aos convites de estudo e achando que o Guia sabe tudo e dele é toda a responsabilidade. Trabalhar mediunicamente em qualquer local e a qualquer hora, na sala da casa da vizinha, por exemplo, porque ela "está com um problemão e precisa falar com o Guia", é outro problema a que se sujeitam alguns médiuns. Fazer trabalhos mediúnicos na própria residência ou na casa de quem se dispuser a emprestar um espaço é outro perigo, além de ser um abuso com a espiritualidade, exceção nos casos em que o médium, não encontrando um Terreiro com o qual se identifique, sinta necessidade de pedir força aos seus Guias espirituais, o que deverá ser feito em dia e hora determinados. Cobrar dinheiro ou favores é um passo em direção a obsessores.

POR QUE OS GUIAS SE AFASTAM DOS MÉDIUNS?
Por advertência quando o médium se esquece de que ele é um simples instrumento, e que sozinho, sem a cooperação de todas as Entidades, nada faria. Se o médium não corresponde moralmente ou se esquece dos ensinamentos fundamentais da religião, os Guias se afastam. Outra razão pode ser por bondade, quando o médium está debilitado por doença física, assim que recupera a saúde os Guias retornam e neste caso a interrupção não significa punição, pelo contrário, demonstra afeição e zelo do Guia para com o médium. Outra razão é a provação cujo objetivo não é punir, mas sim desenvolver a paciência, de modo a forçar o médium a meditar sobre as lições muitas vezes ensinadas através dele mesmo, quando o Guia utilizou seu corpo físico como veículo mas ele sequer

ouviu. Todas as palavras, lições, instruções dos Guias tem a finalidade de ensinar os filhos de fé, e se o médium é o meio pelo qual os Guias falam suas mensagens, dele é que se esperam maiores progressos.

É CORRETO O MÉDIUM TRABALHAR SOZINHO PORQUE CONSIDERA QUE NÃO PRECISA DE NINGUÉM? O médium não deve jamais se esquecer do espírito de fraternidade que norteia a Umbanda. Fraternidade é um termo oriundo do latim que significa "irmão", mas não apenas consanguíneo como também irmão na Luz. A união de seres que possuem o mesmo objetivo e que juntos trabalham para o bem geral é um dos fundamentos da Umbanda.

O MÉDIUM SE RECORDA DE TUDO O QUE OCORREU DURANTE A INCORPORAÇÃO? Na mediunidade semiconsciente e inconsciente, ao findar a incorporação, geralmente o médium nada ou bem pouco se lembra do ocorrido ou da mensagem transmitida, porém não é regra e pode ser que se lembre de tudo. Geralmente fica uma sensação vaga, semelhante ao despertar de um sonho em que permanece uma impressão, mas que não se sabe afirmar com certeza do que se tratou. Na mediunidade consciente lembra-se de tudo.

O GUIA TOMA O CORPO DO MÉDIUM? Não. É como se o médium fosse o "café", o Guia fosse o "leite" e ambos misturados formam o "café com leite", uma terceira consciência.

É CERTO AFIRMAR QUE NENHUM GUIA OU ESPÍRITO SE APOSSA OU "ENTRA" NO CORPO DE UM ENCARNADO, MÉDIUM OU NÃO? Sim, é certo. A incorporação acontece mais em nível mental. Nos processos obsessivos causados por espíritos inferiores podem ocorrer transtornos psíquicos, e os que têm pouco conhecimento acham que um Espírito mau se apoderou do corpo do enfermo. Foi esse fenômeno que deu origem às práticas de exorcismo.

POR QUE É IMPORTANTE QUE O MÉDIUM ESTUDE PARA SER MAIS ÚTIL AO GUIA? SE O GUIA SABE TUDO POR QUE O MÉDIUM TAMBÉM PRECISA SABER? O médium consciente e semiconsciente é um intérprete do pensamento do Guia, e o que ele fala é uma ideia que lhe foi sugerida. Cabe ao médium exprimi-la conforme sua capacidade própria de entendimento. A mediunidade será tanto mais proveitosa quanto maior forem os conhecimentos e cultura do médium, vocabulário, gestos, etc. Importantíssimo também são as qualidades morais do médium na medida em que seus atos, pensamentos e palavras aproximam Guias bons e sábios, considerando que o oposto também é realidade, aproximando espíritos trevosos. Estudo constante e bom senso fazem a diferença para os que têm como finalidade servir a religião de Umbanda com equilíbrio e sem fantasia.

COMO É PARA O GUIA QUE SE SERVE DE MÉDIUM SEM CONHECIMENTO? Quando o Guia se serve de médiuns pouco esclarecidos é mais longo e penoso o seu trabalho, porque suas mensagens são incompletas e suas manifestações ineficientes. Imagine um médico obstetra (Guia) que vai fazer uma cirurgia e tem como auxiliar um enfermeiro (médium) que não conhece os instrumentos cirúrgicos. O médico pede um bisturi e ele não sabe qual é, pede uma pinça e ele não faz ideia de qual seja, o enfermeiro simplesmente não procurou aprender porque o médico sabe tudo. De que serve esse auxiliar?

O QUE É PRECISO PARA QUE O MÉDIUM TENHA UMA PERFEITA INCORPORAÇÃO? O principal é que tenha confiança em sua própria mediunidade, nos Guias que o assistem e no Terreiro que frequenta.

O MÉDIUM SABE DE ANTEMÃO A OPINIÃO DO GUIA SOBRE OS ASSUNTOS? Não. Só vai tendo consciência do que ele transmite à medida que os pensamentos do Guia vão passando pelo seu cérebro.

QUANDO O GUIA AUXILIA O MÉDIUM NO PROCESSO DE INCORPORAÇÃO? Quando a união entre médium e Guia está bastante fortalecida inclusive pela confiança. Frequentemente o Guia auxilia o médium imprimindo mais vigor à ação telepática através da imposição das mãos no cérebro material do médium, dando-lhe um sentimento maior de segurança.

O QUE É ANIMISMO

A palavra "animismo" vem do latim "anima", que significa alma

Animismo significa a intervenção da própria personalidade do médium nas comunicações espíritas, é a própria alma do médium comportando-se como se fosse outra entidade espiritual. O médium não está querendo enganar ninguém, acontece inconscientemente. Em vez de transmitir mensagens e ideias dos Guias, transmite algo que estava adormecido em seu inconsciente.

Considerando que todos reencarnam inúmeras vezes e tem várias existências, e em cada uma dessas existências desenvolvem personalidades distintas e acumulam conhecimentos diferentes, **cada ser humano é a soma de todas as suas vidas.**

Todas as pessoas neste plano evolutivo possuem informações que vão muito além de seu saber na vida atual, porque é a soma da vivência e do aprendizado de cada uma das vidas passadas. Na manifestação anímica o médium pode expressar sabedoria que ele, na vida atual, não possui a nível consciente. Daí decorre, muitas vezes, que não há como saber se a comunicação é erudição do Guia, ou é a manifestação dos próprios conhecimentos do médium que se encontravam latentes no inconsciente.

Com médiuns experientes, na grande maioria das vezes, o que ocorre é um estado intermediário com maior ou menor participação da alma do médium em relação ao Guia que por ele se expressa. Assim sendo, sempre haverá participação do médium.

O animismo não é, portanto, defeito mediúnico e nem deve ser tratado como distúrbio ou desequilíbrio da mediunidade ou do médium. Na verdade, retirando o preconceito e o medo que esse tema causa nos umbandistas, o animismo deve ser considerado como parte do fenômeno mediúnico, já que *"o médium não é um telefone. Ele capta o fluxo mental da entidade e o transmite, utilizando-se de seus próprios recursos"* (Richard Simonetti, "Mediunidade - Tudo o que você precisa saber").

No livro "Diversidade dos Carismas", Hermínio C. Miranda cita que, *"em verdade, não há fenômeno espírita puro, de vez que a manifestação de seres desencarnados, em nosso contexto terreno, precisa do médium encarnado, ou seja, precisa do veículo das faculdades da alma (espírito encarnado) e, portanto, anímicas".*

Alan Kardec, no Livro dos Médiuns, esclarece que *"a alma do médium pode comunicar-se como qualquer outra. (...) O espírito do médium é o intérprete porque está ligado ao corpo que serve para a comunicação e porque é necessária essa cadeia entre vós e os espíritos comunicantes, como é necessário um fio elétrico para transmitir uma notícia à distância e, na ponta do fio, uma pessoa inteligente que a receba e comunique."* No mesmo livro Kardec pergunta *"O espírito do médium não é jamais completamente passivo?"*, e os espíritos lhe respondem dizendo que *"Ele é passivo quando não mistura suas próprias ideias com as do espírito comunicante, mas nunca se anula por completo. Seu concurso é indispensável como intermediário".*

A atuação anímica do médium acontece de forma quase sempre inconsciente, de modo que o próprio médium dificilmente consegue perceber a sua própria interferência ou participação no fenômeno que manifesta.

Animismo não é mistificação!

O termo "animismo" passou a ser usado de forma negativa e pejorativa, significando tudo àquilo que é produzido por um médium sem a contribuição ou participação de nenhuma Entidade ou Guia. É o pesadelo de grande parte dos médiuns, especialmente os iniciantes, porque costuma ser confundido com mistificação e fraude. Animismo não é mistificação e essa desorientação apenas causa angústia em quem está começando na religião de Umbanda.

O animismo faz parte de todo o processo de incorporação, e não há nenhum problema se na **fase de desenvolvimento** a comunicação for obra da alma do próprio médium, pois um dos objetivos do desenvolvimento mediúnico é quebrar a timidez e o constrangimento. Aquele que está iniciando não deve se inquietar por medo de "falhar" nas incorporações ou de mistificar, porque o animismo costuma apresentar-se intenso em quase todos os principiantes e é absolutamente normal. Depois, com o passar do tempo, sua influência nas comunicações cai para níveis aceitáveis. **Por essa razão é que não julgamos apropriado médium em processo de desenvolvimento trabalhar nas Giras de Caridade (atendimento).**

SPACE BELOW FOR ADDITIONAL CHECKS /
A continuación indique los cheques adicionales

CHECK(S) / CHEQUE(S)	Dollars / Dolares	Cents / Centavos

TOTAL $

PLEASE LIST AND INCLUDE THIS AMOUNT ON FRONT
Incluya esta cantidad en la parte de enfrente

CHASE

DEPOSIT/DEPÓSITO

CHECKING/CHEQUES
SAVINGS/AHORROS
CHASE LIQUID

R/T 500001020

Today's Date/Fecha

Customer Name *(Please Print)*/Nombre del cliente *(en letra de molde)*

Sign Here *(If cash is received from this deposit)*/
Firme aquí *(si recibe efectivo de este depósito)*
X

N13062-CH (Rev. 07/12) 70234370 07/17

Start your account number here/
▶ **Empiece su número de cuenta aquí**

- CASH/EFECTIVO
- CHECK/CHEQUE
- TOTAL FROM OTHER SIDE/TOTAL DEL REVERSO
- SUBTOTAL
- LESS CASH/MENOS EFECTIVO RECIBIDO

TOTAL $

⑆092685861 5⑆ ⑈500001020⑈

DEPOSIT/DEPÓSITO

Existem casos em que a influência da alma do médium é tão elevada que o torna improdutivo e os Guias da Casa, juntamente com o Dirigente, fazem extensivo trabalho para equilibrá-lo. Com o tempo o médium aprende a transmitir com toda a fidelidade possível o pensamento do Guia, interferindo o mínimo no que ele tem a dizer. Por não haver incorporação sem participação anímica não é justo nem responsável, ao perceber o fenômeno do animismo, estigmatizar o médium como se ele fosse uma fraude. É necessário ajudá-lo a traduzir com palavras adequadas o pensamento que lhe está sendo transmitido pelas Entidades trabalhadoras na Umbanda, e não é tarefa fácil.

PERGUNTAS

O QUE SIGNIFICA ENTRAR EM SINTONIA COM OS ESPÍRITOS? Sintonia significa entendimento, acordo mútuo, harmonia. Portanto, duas almas sintonizadas estarão com as mentes perfeitamente entrosadas, havendo entre elas uma ponte magnética unindo-as profundamente. Estão "respirando" na mesma faixa, pensando e desejando na mesma frequência. Espiritualmente os iguais se atraem. Se o ser humano vai alimentando sentimentos inferiores, se concede licença para fazer certas maldades porque ninguém está vendo, como por exemplo, maltratar um animal, está alimentando sintonia com energia que lhe é compatível. Se não conseguir interromper essa sintonia atrairá para si categoria de espíritos que se sintonizam com tais sentimentos, e é quase certo que por eles será dominado. O oposto também é verdadeiro, ou seja, há sintonia com Espíritos de Luz, entidades benfazejas que enchem de bênçãos a vida da pessoa.

SE NA MEDIUNIDADE HÁ SEMPRE MAIOR OU MENOR PARTICIPAÇÃO DA ALMA DO MÉDIUM EM RELAÇÃO AO GUIA, COMO EXPLICAR A ENTIDADE QUE NÃO FALA O IDIOMA PÁTRIO DO MÉDIUM? ACASO ESSE NÃO TEM ACESSO ÀS INFORMAÇÕES DE QUE DISPÕE O MÉDIUM? Essa é uma questão delicada, e pela lógica é improvável a veracidade de alguns que se expressam em línguas estranhas devido ao desconhecimento do idioma pátrio do médium, como é o caso de alguns Ciganos que só conhecem seu dialeto nativo, ou de Caboclos que apenas entendem língua indígena. Interessante é que, em todos os casos presenciados por esta autora os Guias entendiam, mas não falavam o português, explicando seus pensamentos por meio de gestos, expressões corporais e fisionômicas. Tal comportamento talvez ultrapasse a sensível fronteira do animismo, ou há motivo desconhecido da Entidade para agir assim.

O QUE É MISTIFICAÇÃO

Mistificar é fazer alguém crer em uma mentira ou em algo falso, abusando de sua boa fé.

Mistificação na incorporação é a fraude consciente do médium que simula premeditadamente a falsa incorporação com intenção de enganar os outros.

Médium mistificador é aquele que **finge** estar em transe mediúnico ou recebendo comunicação de um Guia, quando na verdade está apenas inventando a mensagem para impressionar e tirar proveito das pessoas que estão à sua volta.

Há também os espíritos mistificadores que são mentirosos, hipócritas e obsessores. Em Terreiro onde impera a verdadeira caridade e onde não há espaço para a vaidade eles não se manifestam, pois **não há mistificadores sem mistificados**.

São várias situações em que o mistificador se incrimina, basta o leitor ficar atento. Inicie com a certeza de que os Guias de Umbanda jamais se ofendem ao ponto de humilhar ou ameaçar quem quer que seja, e seria um contra senso se o fizessem porque eles mesmos aconselham os filhos de fé a serem mansos de espírito. Nunca usam linguagem doce e suave para seduzir com o intuito de ludibriar, e quando infelizmente ocorre, é o médium falando escondido atrás do nome do Guia como a criança que fala escondida detrás da parede acreditando não ser reconhecida.

A maioria das pessoas que procura os Terreiros está predisposta a aceitar tudo o que vem do mundo invisível sem questionamento, o que é um erro porque é fundamental perguntar, buscar entendimento, compreender principalmente as intenções do que se faz e de quem faz. Quem já conhece um determinado Terreiro e comprovou a seriedade e o compromisso com a caridade dos que ali trabalham, não precisa ficar preocupado. **Mas ao visitar uma Casa de Umbanda pela primeira vez, assim como os demais templos e igrejas de qualquer vertente religiosa, convém receber todas as informações com prudência e discernimento, passar tudo o que foi visto e ouvido pelo crivo da razão e da coerência, perceber se as palavras são de bom senso.** E não se esquecer de que onde a Luz se propaga há que ter moral elevada. Essa é a receita para se evitar os médiuns e os espíritos trapaceiros e mistificadores.

PERGUNTAS

O QUE É MÉDIUM MISTIFICADOR? É o médium que finge estar incorporado e conscientemente simula, sempre com intenção de enganar os outros. Não havendo incorporação de Guias, o médium apenas inventa a mensagem para impressionar ou agradar as pessoas que estão à sua volta. Ou às vezes para dizer coisas que não teria coragem de falar em seu nome, e usa desse subterfúgio para dar seus recados. Infelizmente a mistificação não é feita somente por médiuns, mas também por Dirigentes e nesse caso torna-se mentira ainda mais cafajeste.

O QUE ACONTECE NOS TERREIROS ONDE OS MÉDIUNS E ATÉ DIRIGENTES COMETEM ATOS DOS MAIS BAIXOS, FAZENDO - OU PENSANDO QUE FAZEM - O MAL A OUTROS, PROCURANDO ATENDER SEUS DESEJOS DESQUALIFICADOS MORALMENTE? Nestes lugares, por afinidade vibratória, se ligam às criaturas do astral inferior que são quem praticamente dão as ordens a todos e a tudo o que lá se faz. Não raro é lugar onde reina o mexerico e a discórdia entre seus membros, onde a violência e vingança são o sinal dominante.

POR QUE AS ENTIDADES DE LUZ DEIXAM ESSAS COISAS ACONTECEREM EM TAIS TERREIROS? Os Guias de Luz empreendem grandes esforços a fim de mostrar o valor da verdadeira caridade, mas o livre arbítrio, que é o poder que cada ser humano tem de escolher suas ações e o caminho que quer seguir, sempre é respeitado. Persistindo no erro são deixados à própria sorte. Com o tempo, atolados no lodo astral ao qual se meteram por livre vontade, procuram os Terreiros que são conduzidos pelo amor a Deus e começarão dura caminhada rumo à cura de seus males espirituais e físicos. Não raro também procuram outras religiões e apontam a Umbanda como causa de seus desvios morais e deficiência de caráter.

CULPAR A RELIGIÃO E SEUS ABNEGADOS TRABALHADORES PELOS PRÓPRIOS ATOS DESPREZÍVEIS NÃO DEMONSTRA MESQUINHEZ? Cada um entende com a compreensão moral, intelectual e espiritual que lhe é própria.

DESENVOLVIMENTO

Antes de iniciar o desenvolvimento mediúnico na Umbanda é preciso que o filho de fé entenda que ele será mais um "prestador de serviço", planejado e orientado pelos Guias Espirituais, e acima de tudo deve estar disponível como mais um instrumento da Espiritualidade Maior, dedicando-se com humildade ao quinhão que lhe compete. É importante que o médium entenda que ele não é "O" instrumento da espiritualidade, e sim "mais um" instrumento.

Não há regra para o desenvolvimento mediúnico na Umbanda, cada Dirigente possui sua própria maneira de proceder.

O PRIMEIRO QUESITO, sem dúvida, e que vale para todos, é o iniciante conhecer o Terreiro e constatar a seriedade do seu Dirigente e o comprometimento do corpo mediúnico. Por seriedade entende-se o Terreiro cujos participantes tentam fazer todas as atividades da melhor maneira possível, agindo com honestidade de propósitos e na busca da caridade. Agem com comprometimento os médiuns que assumem as responsabilidades impostas pela Umbanda, e comprometem-se moralmente com os Guias e Orixás.

O SEGUNDO QUESITO é ter afinidade com a Linha do Terreiro. Alguns mesclam princípios do catolicismo, outros do espiritismo, Candomblé, outros ainda preservam o culto iniciado pelos indígenas.

É necessário saber que a Umbanda **apenas mistura certos conceitos das diversas religiões, porém não é nenhuma delas.** Ser umbandista e ser católico ao mesmo tempo provavelmente causa certa confusão porque são religiões totalmente diferentes, a crença dos católicos não é a mesma dos umbandistas, a religião de Umbanda é bela, livre, adora a natureza, não angustia ninguém com ameaça de danação eterna, fala de amor sem culpa, portanto são religiões tão diferentes quanto o dia e a noite. Pensando nas religiões Católica e Protestante, ambas cristãs, mas que não tem nem a mesma Bíblia em comum imagine a confusão de se professar duas religiões.

Há umbandistas que são inclinados aos rituais do Candomblé, inegavelmente a religião que mais valoriza a beleza dos elementos visuais e da estética no encanto das danças, na lindeza dos trajes, na imponência do "sagrado". Mas Candomblé e Umbanda são duas religiões profundamente diferentes em seus fundamentos. Na Umbanda quem dá consultas, passes e aconselhamentos são Entidades espirituais através de incorporação nos médiuns, e no Candomblé a consulta acontece apenas por meio do jogo de búzios através dos Babalorixás e Yalorixás (Pais e Mães do Santo, respectivamente). No Candomblé incorporam-se somente os Orixás e na Umbanda jamais se incorporam Orixás. No Candomblé os espíritos dos mortos, chamados Eguns, são prontamente repelidos e afastados, e na Umbanda eles são os chamados Guias, e são os Mentores Espirituais que representam a base da fé. No Candomblé há "obrigações" que são cerimônias internas e fundamentos completamente desconhecidos pelos umbandistas. São duas religiões distintas, e é inimaginável que em uma Casa de Candomblé se adote práticas da Umbanda. Infelizmente, o oposto não é verdadeiro.

O mesmo raciocínio vale para o espiritismo, que é uma ciência de observação e uma doutrina filosófica que nasceu na França, em Paris, quando em 18 de Abril de 1857 Allan Kardec publicou o "Livro dos Espíritos". A Umbanda nasceu em 16 de Novembro de 1908, quando o primeiro culto foi realizado na casa do médium Zélio de Moraes, em São Gonçalo, no Rio de Janeiro. Mais de 50 anos marcam o advento do Espiritismo do surgimento da Umbanda. Embora sejam duas religiões diferentes, é aconselhável que os umbandistas estudem a doutrina espírita e as obras de Allan Kardec para entender as questões relacionadas às atividades de comunicação com o Mundo Espiritual, o desenvolvimento da mediunidade etc. Porém, que se tenha em vista que são crenças distintas, não tendo nenhuma semelhança em seu fundamento.

O TERCEIRO QUESITO para o desenvolvimento mediúnico são as Giras chamadas de Desenvolvimento, feitas em dias separados das Giras de Atendimento, aonde os médiuns vão, gradativamente, percebendo a proximidade de seus Guias, conhecendo as sensações no corpo e na mente. Após um tempo a ligação mediúnica vai se fortalecendo até tornar-se natural e fácil, quando então o médium estará pronto para o trabalho na Umbanda.

Giras de Desenvolvimento

No início, durante as Giras de Desenvolvimento, é comum o médium sentir a energia do Guia em seu corpo astral e ter uma espécie de "choque" que lhe sacode o corpo. **Saiba que é normal**, não significa que o *"Caboclo é forte demais"* (esse é argumento dos que se deixam levar pela vaidade).

Há quem, durante o desenvolvimento, sente arrepios devido à troca de energia entre ele (médium) e o Guia.

Há quem tem movimentos involuntários ou tremores que acontecem quando o Guia age nos centros de energia do médium, denominados chakras, com a finalidade de incorporar ou simplesmente habituá-lo às sensações para incorporações futuras.

Há médium que sente vontade de cantar, rir e chorar devido às descargas energéticas que são emanadas para reequilíbrio de seu emocional.

Há quem sente as pontas dos dedos formigarem, e essa ocorrência é simplesmente porque o médium concentra energia nas mãos. Com o amadurecimento aprenderá, através da imposição das mãos, utilizar essa energia para realizar limpezas espirituais e doar para cura.

Os bocejos também são normais, significam que o médium está sendo preparado para entrar em condição de relaxamento, estado que antecede a incorporação.

Quando o médium está em processo de desenvolvimento é comum e normal sentir falta de ar, às vezes parece que está "caindo num poço". Tudo isso é frequente e tem explicação.

Não há um prazo para terminar o desenvolvimento, é variável e na verdade nem importa porque o que vale não é a duração, mas a qualidade.

PERGUNTAS

O MÉDIUM QUE AINDA ESTÁ EM DESENVOLVIMENTO PODE ATENDER AOS ASSISTIDOS? Não pode, mas infelizmente atendem. É muito arriscado para ambos que assim ocorra porque pode o assistido sair da Gira muito mais perturbado do que chegou. Deve-se ter em mente de que se trata de médium "em desenvolvimento", por isso com grande chance de interferências na comunicação do Guia, o que é perfeitamente normal nesta fase. Sabemos que as mensagens dos Guias quase sempre são tomadas como verdade pela maioria, e há risco especial quando os envolvidos são parentes ou conhecidos próximos, pois a interferência do médium é ainda maior devido às questões armazenadas em sua mente. O mais prudente, e que deveria ser norma em todos os Terreiros, é que o médium só trabalhasse incorporado nos dias de Gira aberta após o término de seu desenvolvimento.

É VERDADE QUE MÉDIUNS EM DESENVOLVIMENTO PODEM INCORPORAR O ESPÍRITO ERRADO? O médium não incorpora o espírito errado, o que ocorre é que devido à pressa e um sentimento de urgência de que "tem que incorporar", o médium produz uma incorporação sem que ele esteja de fato sendo um instrumento mediúnico da ação espiritual. Nesse caso acontece o que se chama "animismo", diferente de mistificação, que é quando um médium aparenta estar incorporado induzindo os outros a crer em mentira criando uma fraude consciente. Denomina-se animismo o fenômeno em que o médium revive suas próprias recordações de vidas passadas, e as expressa durante as consultas nas Giras. Por não haver ali um Guia que se comunique é um fenômeno mal visto.

PODE O MÉDIUM INCORPORAR UM OBSESSOR SE FAZENDO PASSAR POR GUIA DE LUZ? Se estiver despreparado, sim. O médium de Umbanda é fortemente pressionado em muitos Terreiros, onde **precisa** incorporar um Guia que é **obrigado** a dar o nome, depois impelido a riscar o Ponto, e muitas vezes sem ter tido nenhum tipo de orientação ou estudo. Com isso o médium abandona sua condição de passividade e passa a conduzir a incorporação ao invés de permitir que o Guia faça isso. Ele acredita estar incorporado com uma Entidade quando, na verdade, quem está presente é outra. O melhor que o médium iniciante tem a fazer é, durante o desenvolvimento, empenhar-se em apenas afinar sua percepção sobre seus Guias, procurar conhecê-los e nunca se colocar à frente deles. O médium de Umbanda deve se oferecer como instrumento da espiritualidade e não pretender que a espiritualidade se prontifique ao seu serviço.

COMO EXPLICA GUIAS QUE TRABALHAM COM UM MÉDIUM INCORPORAREM EM OUTROS? OS GUIAS PODEM ESTAR EM VÁRIOS LUGARES E VÁRIOS MÉDIUNS DIFERENTES AO MESMO TEMPO? É POSSÍVEL INCORPORAR EM VÁRIOS MÉDIUNS SIMULTANEAMENTE? É possível a espírito que alcançou alto grau de elevação se manifestar em pensamento em vários médiuns ao mesmo tempo, mas não é este o caso nos Terreiros de Umbanda. O nome que o Guia revela é na verdade o nome da

falange de trabalho. Todos os trabalhadores pertencentes àquele grupo se manifestam com o mesmo nome quando estão em trabalhos nos Terreiros. Mas **são Guias de individualidades distintas**. Assim, por exemplo, dá o nome de Vó Maria Conga todos os Guias trabalhadores da mesma falange de Preto Velho, porém cada um trabalhando com médium distinto.

POR QUE UM GUIA IMITA OUTRO QUANDO INCORPORADO? Não são os Guias que imitam, mesmo porque cada espírito tem sua própria particularidade e personalidade. Igual ao ser humano encarnado eles também têm características que os tornam seres únicos. É o médium que, devido a sua ansiedade e má preparação, busca referência em outros médiuns mais antigos e passam a imitá-los. O médium tem o dever de se preparar de modo a oferecer condições ideais para que seus Guias se manifestem segundo suas próprias naturezas.

COMO O MÉDIUM INICIANTE FAZ PARA SABER O NOME DAS ENTIDADES QUE VÃO TRABALHAR COM ELE? Na hora certa as Entidades se apresentam. Ou podem dar intuição ao médium sobre seu nome. O certo é que o médium saberá no momento em que os Guias acharem apropriado. Os iniciantes não devem se preocupar com essa questão.

A MAIOR ANGÚSTIA DO MÉDIUM INICIANTE É SABER SE É ELE OU O GUIA QUEM ESTÁ FALANDO. O QUE FAZER?

Essa preocupação mostra que o médium é honesto consigo e com os outros, caso contrário não se perturbaria com essa dúvida. Na verdade é a principal questão que castiga nove em cada dez médiuns iniciantes e é causa de abandono da Umbanda. A interferência do médium quando ainda está conhecendo e se familiarizando com o processo de incorporação é grande. E é absolutamente normal que o médium interfira.

Temos um indicativo da interferência quando o médium fica imóvel, não permitindo que o Guia se movimente nem saia do lugar. Ou por insegurança o médium interrompe a incorporação ou cai com frequência.

Também é influência do médium quando a Entidade incorporada não pronuncia nem mesmo uma palavra, porque o médium se cala. Do mesmo modo se pode entender que é parte da imaginação do médium quando o "Guia" fala alto quase gritando, se move com exagero, usa linguagem ou sotaque que ninguém entende.

Os tiques também são próprios do médium e não do Guia, assim como opiniões despropositadas e brincadeiras ácidas ou preconceituosas.

Considere sempre que o discurso de um Guia de Luz tem sabedoria que normalmente difere da opinião dos encarnados, porque nunca tomam partido em nenhuma questão ou conflito de modo a não exacerbar os ânimos. Mesmo que seus médiuns estejam envolvidos em divergências eles nunca escolhem um lado, porque reconhecem que todos estão no caminho em busca do entendimento e necessitam de esclarecimento e ajuda.

4.

OBSESSÃO, POSSESSÃO E VAMPIRISMO

Tudo na vida são afinidade e comunhão. Almas ignorantes atraem criaturas ignorantes. Doentes afinam-se com doentes.

Obsessão é sentimento incontrolável que ultrapassa todos os limites, como um desejo excessivo e uma ideia fixa.

Possessão espiritual é quando acontece influência mental, invasão nos pensamentos, controle e até subjugação sobre uma pessoa.

Vampirismo é o ato de desencarnados prisioneiros dos desejos e caprichos humanos, dos recursos materiais e de seus pensamentos inferiores, dos quais extraem a essência vital.

OBSESSÃO

"Examina os teus desejos e vigia os próprios pensamentos, porque onde situares o coração aí a vida te aguardará com as asas do bem ou com as algemas do mal." (Emmanuel)

"**Paixão é uma obsessão positiva. Obsessão é uma paixão negativa**" *(Paul Carvel).* Obsessão é a fixação em uma ideia que domina doentiamente a mente e o espírito de uma pessoa. A obsessão acontece dependendo de com quem ela se envolve e de acordo com a sintonia mental. As imperfeições atraem espíritos com os idênticos vícios e falhas morais, ou como se costuma dizer, os iguais se atraem. As brechas psíquicas para as obsessões são abertas por cada um na medida em que o que prende um obsessor junto ao encarnado não são as afinidades fluídicas e sim morais. **Mas atenção, por que não há somente obsessores desencarnados, eles também estão encarnados no mundo da matéria.** A obsessão simples ocorre quando um ou vários espíritos influenciam a mente da pessoa com suas ideias.

A **fascinação**, que é um tipo de obsessão, ocorre quando há uma ação constante e direta sobre o pensamento da pessoa por espíritos ardilosos que se dedicam a ganhar-lhe a confiança, ao mesmo tempo em que paralisa seu raciocínio até chegar ao ponto em que aceita tudo o que lhe é sugerido como se fossem verdades incontestáveis, mesmo sendo os mais completos absurdos. Será mais fácil identificar a fascinação se a chamarmos "**fanatismo**".

Há outro tipo de obsessão ao qual se dá o nome de **subjugação**. Este é influência tão forte sobre a mente do obsidiado que o subjugado não mais raciocina nem age por si mesmo, tornando-se um fantoche do espírito ou dos espíritos que o influenciam. O mais cruel é que, geralmente exercem tal domínio sobre uma pessoa apenas pelo simples prazer de prejudicá-la e infelicitá-la, pois que se trata de espíritos que são incapazes de colocar amor às suas ações.

OS VÁRIOS TIPOS DE OBSESSÃO

"Existem pessoas que se aproximam de nós com o espírito da maledicência, querem saber da nossa vida, não para nos auxiliar, mas para tornarem públicas as nossas feridas... Devemos tomar cuidado com esses irmãos que adquiriram uma estranha viciação: querem crescer à custa da indigência alheia." (Chico Xavier)

DE DESENCARNADO PARA ENCARNADO: É o domínio que alguns espíritos têm sobre uma pessoa encarnada e nunca é praticado senão por inferiores que procuram tiranizá-la.

DE ENCARNADO PARA DESENCARNADO: Dá-se, por exemplo, através da ligação anormal e obstinada à pessoa querida que já desencarnou, seja através de sentimento de revolta ou de perda, até se tornar obsessão. Consciência culpada, inveja, ódio, vingança também são as causas da terrível compulsão. *Note que há obsessão de encarnado para desencarnado.*

DE ENCARNADO PARA ENCARNADO: Acontece domínio não só mental, mas muitas vezes físico por causa de ciúmes, paixão, e até do que o atormentador chama "amor", embora seja amor por si mesmo e nada mais. Ódio, orgulho ferido, inveja e outros sentimentos inferiores também são causa da obsessão entre encarnados.

DE DESENCARNADO PARA DESENCARNADO: Há espírito que obsedia espírito numa prova incontestável de que os sentimentos não mudam com a morte do corpo físico. Amor ou ódio, simpatia ou aversão permanecem em qualquer dimensão em que se esteja.

OBSESSÕES RECÍPROCAS: Ou seja, uma individualidade dependente da outra, estejam na dimensão do espírito ou da matéria. Isso ocorre quando há ligação tão estreita que não se sabe *"onde um* *termina e outro começa"*. Obsessor e obsediado se nutrem das emanações um do outro de tal forma que é muitíssimo perigoso desligá-los rapidamente. Como exemplo de triste obsessão é o caso de um marido possessivo que vampiriza o corpo físico da esposa, ou o pensamento de uma namorada abandonada que vampiriza a ambos, ela própria e o infeliz ex-namorado. Ainda se pode citar como exemplo o alcoólatra incorrigível e seu "colega de copo", espírito também alcoólatra quando encarnado, ambos perturbados e com a preocupação constante de satisfazerem o seu vício. O desencarnado se "cola" ao perispírito do usuário, que os Guias de Umbanda chamam de "copo vivo", para inalar, aspirar e sentir os efeitos da droga, e assim convivem em regime de escravidão mútua.

AUTO-OBSESSÃO: É a mais difícil de ser admitida. Reconhecível quando a pessoa vive em função de si mesma, ou descuida totalmente da saúde ou se preocupa em excesso. Aquele que se imagina portador de doenças incuráveis percorrendo médico após médico, sem encontrar a cura para a doença que não tem é um auto-obsessor. Do mesmo modo o infeliz que, não encontrando as respostas em si mesmo, busca nas religiões e não se adapta a nenhuma. A vítima de si própria padece de ciúme exagerado ou orgulho excessivo, sofre antecipadamente por situações que provavelmente jamais acontecerão. O opressor que se comporta de maneira tirânica para obter o poder completo também sofre de autoobsessão.

Possessão

"Se te relegas à maledicência, em breve te constituirás em veículo dos gênios infelizes que se dedicam à injúria e à crueldade."
Emmanuel - Psicografia de Chico Xavier

Possessão Mental

É quando se dá a posse dos pensamentos. Por exemplo, "José" nutre-se de ódio tão violento por "João" ao ponto de ficar transtornado, e diante do odiado "João" nem é mais "José" que age, ele está possuído, atraiu para si um espírito perverso que vibra no mesmo diapasão. Há tantas situações em que uma pessoa age com palavras agressivas e depois diz "nem sei como pude ter falado aquilo", ou em situações piores em que age com violência, agride, mata e nem se lembra do que fez e diz "parecia que não era eu".

Como os espíritos trevosos conseguem dominar assim? Pela cegueira que o ciúme, a revolta, o ódio e toda gama de sentimentos inferiores causa. Se uma pessoa tem o campo mental favorável e outra consciência toma o controle, ela fica "cega de ódio". Entra em faixa negativa que funciona como "imã" para que outras inteligências sejam atraídas e a comande.

Possessão Física

Na possessão física "o indivíduo tem muitas vezes consciência de que o que faz é ridículo, mas é forçado a fazê-lo, tal como se um homem mais vigoroso do que ele o obrigasse a mover, contra a vontade, os braços, as pernas e a língua". *(Kardec)*

VAMPIRO OU SUGADOR DE ENERGIA

"Desce à animalidade e encontrarás a extensa multidão daqueles que te acompanham com propósitos escuros, na retaguarda".
(Emmanuel)

O vampiro energético ou sugador de energia vital é aquele que suga a energia de alguém ou alguma coisa. Por exemplo, um fumante quase sempre tem a companhia de um espírito viciado que recolhe o fluido emitido pelo cigarro, e o mesmo se dá com o álcool, com sexo lascivo e até com a alimentação. Muitos já vivenciaram a sensação de não sentir fome, mas necessidade de comer, que muitas vezes pode ser descrita como uma fome emocional originada de ansiedade, estresse e depressão, mas há também a fome espiritual, impulso que se dá às vezes em razão da ação dos tais vampiros que vêm se alimentar dos fluidos do alimento. Todo tipo de vício que o ser humano adquire tem um viciado correspondente na espiritualidade que pode ser nominado, para efeito de entendimento, de "*vampiro*". No livro espírita "Sexo e Destino" André Luiz relata um caso em que a pessoa não está bebendo, mas ela tem o campo mental favorável, ela vibra na mesma sintonia e não demora está sendo influenciada para beber.

Como evitar ser vampirizado por tais criaturas?
Entendendo que tudo em excesso faz mal, tudo o que é demais, sobra. Fumo, drogas, bebidas alcoólicas, comida com exagero, tudo isso atrai para perto os desencarnados que ainda estão ligados a tais coisas, e tudo farão para desfrutar através dos encarnados os vícios que ainda não superaram.

Energia Vital

Há os que vampirizam as energias alheias e estão encarnados, e com os quais se convive diariamente nas casas, fábricas, escritórios, lojas. Podem ser irmãos, maridos e esposas, amigos, chefes, colegas de trabalhos, vizinhos, enfim, qualquer um do convívio.

A energia vital é abundante no universo, pode-se recompô-la através da respiração, alimentação adequada, absorção do fluido cósmico universal (ou vital) através dos chackras, mas muitos dos que vampirizam as energias alheias não conseguem receber nem recompor. Atuam sem consciência do que fazem, e por serem incapazes de absorver a energia das fontes naturais estão constantemente desequilibrados. Como tal "vigor energético" é indispensável para nutrir o corpo físico e, principalmente, o corpo espiritual, os vampiros encarnados buscam as fontes mais próximas que normalmente são as pessoas de convívio diário. E deve-se estar ciente de que o sugador sempre se aproxima de pessoas que têm boa carga de força vital.

Todos os seres que dispõem de individualidade, em algum momento da vida vampirizam a energia alheia. Quem nunca sofreu situações em que os pensamentos ficam desordenados ou os sentimentos inadequados, e as coisas se desorganizam. **A maioria não dá importância ou nem desconfia que o modo de vida, a qualidade dos pensamentos e sentimentos são de inteira importância para repor naturalmente a carga energética vital em quantidade suficiente para manter a vida.** Independente da intenção ou do que se esteja pensando, querendo, desejando, sempre que uma pessoa se aproxima de outra ocorre à troca de energia, a simbiose energética. A proximidade com parentes, amigos, amantes, desafetos, transeuntes desconhecidos, cada um emanando sentimentos nem sempre positivos de paz, gratidão, bondade, sendo o mais comum, devido à baixa evolução dos que habitam essa dimensão espiritual, pensamentos e sentimentos negativos como ódio, mágoa, egoísmo, inveja, vaidade, orgulho, ganância e cobiça, assim como os desvios sexuais que se expressam em exageros, agressividade e desamor causam enormes desequilíbrios. Todas as emanações energéticas se misturam e se combinam e há troca permanente de vibração. Nesse emaranhado sempre haverá os mais voltados para si mesmo (a principal característica do sugador é o egocentrismo) e, não tendo nenhuma energia para trocar, ao vampiro só resta sugar.

A maioria dos sugadores o faz com pessoas as quais tem algum laço afetivo, porque através da amizade, do romance ou de um simples coleguismo profissional doa-se mais energia do que para um completo desconhecido, e o vampiro se aproveita disso.

Mas só existe sugador de energia vital porque existem os que se dispõem a serem sugados, ou por pena ou por não terem ainda compreendido. O melhor conselho para quem encontrar com um sugador de energias é livrar-se dele o mais rápido possível.

Como identificar um sugador de energia

O que se derrete em elogios procurando lustrar o ego alheio, bajula excessivamente, procura seduzir com palavras escolhidas que claramente não saíram do coração, está com certeza sugando a energia. É preciso não deixar o orgulho cegar e cair fora.

Aquele que conta suas mazelas, narra as infelicidades e tragédias com detalhes, tudo faz de modo a despertar no ouvinte a compaixão, fala esperando que o outro se apiede de suas desgraças está na verdade esvaziando a energia vital do interlocutor. É preciso dizer a esse "desfavorecido" que se queixar de nada resolve, e que melhor faria se procurasse achar solução para seus problemas. Falando assim causará no "pobre coitado" um abalo inesperado de modo a interromper a subtração das energias. E cair fora.

Se ao encontrar com um conhecido este logo começa a cobrar a visita que não fez, o telefonema que não recebeu, é certo que antes de se despedirem o que está sendo intimado estará com as reservas de energia bem baixas. A melhor atitude é argumentar, de modo a interromper o encadeamento, que se não visitou também não foi visitado, se não telefonou tampouco ele. E cair fora.

O colega de trabalho que critica tudo e todos, nada nunca é bom o suficiente, maldiz a vida e calunia os colegas é um sumidouro de reserva energética. Não se pode jamais concordar com ele, e o melhor a fazer é cair fora.

O sujeito que reclama do sol e da chuva, do dia e da noite, a tudo se coloca de modo a formar obstáculo, reclama supostos direitos e a qualquer coisa expressa oposição, deve ser deixado falando consigo mesmo.

Aquele que fala durante horas, que conta histórias intermináveis, cheias de detalhes e minúcias de modo a cansar pela insistência está na verdade levando aquele com quem interage à perda da estabilidade e da firmeza. Não se deve demorar em sua companhia.

Quem acha que nada se resolve com diálogo, que *"dá um boi pra não entrar em uma briga, mas uma boiada pra não sair"*, de fala áspera e agressiva, sempre raivoso, provocativo, dono total da razão até em assuntos dos quais nunca ouviu falar, busca fazer a pessoa com quem fala se descontrolar e cair na armadilha de discutir com ele. Esse é um vampiro sugador de energia e o melhor a fazer é manter a calma e ficar o menor tempo possível em sua presença.

O eternamente preocupado acerca de seu próprio estado de saúde - embora não haja razão genuína para isso - portador de todas as doenças já diagnosticadas e novas, age assim para chamar a atenção. Contando minuciosamente os pormenores do padecimento desperta cuidado e deixa inquietos os que com ele conversa. Enquanto o ingênuo estremece com os detalhes da moléstia o sugador lhe esgota as energias. É preciso interromper educadamente a lamentação interminável e cair fora.

CADA UM ESTÁ ONDE LHE CONVÉM

As companhias espirituais que nos cercam serão de acordo com as nossas ações e pensamentos.

É fato que cada um está onde lhe convém. Os perversos só estão onde podem satisfazer sua crueldade, independente de estarem ou não encarnados. Não é suficiente ir ao Terreiro e achar que os Guias de Luz vão levar um atormentador para longe e tudo estará resolvido, porque será uma solução temporária na medida em que um vai e outro logo vem. **Igual às moscas que são atraídas pelo mau cheiro que exala das feridas, os espíritos impiedosos são seduzidos pelas chagas da alma, e ninguém desconhece que nesta dimensão em que vivemos os cruéis são**

maioria. É preciso eliminar em si aquilo que os aproxima.

O planeta Terra é mundo de prova e expiação. Os que aqui estão em provação vivenciam o resgate escolhido por eles próprios, consciente de seus débitos e necessidades, e vivem relativamente em paz. Mas a coisa se complica com aqueles que vivem em expiação, que é o resgate imposto pela Justiça Divina a espíritos que insistem teimosamente no erro. Aos que discordam que vivemos em mundo-escola convido a pensar nos horrores próprios da esfera em que moramos sem opção de escolha, tais como o terrorismo, holocausto, genocídio, estupro. Reflita sobre os horrores das guerras, a extinção forçada dos pobres animais, racismo, homofobia, humilhação, tortura. **Avalie a sede e a fome que devastam vidas em mundo onde metade está faminta e a outra metade obesa**. Medite sobre a inclemência da natureza com furacões e tsunamis, vulcões e terremotos. Pense nos trabalhos penosos, quando não literalmente escravos, impostos a irmãos paupérrimos. Neste mundo há os que incendeiam vivos índios, moradores de rua, cães e gatos. Considere a perversidade dos homens demonstrada na inquisição da Igreja Católica, nos campos de concentração de Hitler, nos massacres de Osama Bin Laden, Mao Tsé-tung, Saddam Hussein, George Bush, Lênin, Stálin, nos terroristas do Estado Islâmico. São provas incontestáveis de que nem todos os seres humanos são dotados de humanidade.

Portanto aquele que deseja modificar suas companhias espirituais deve primeiro modificar-se. É preciso entender que pensamentos emitidos é convite claro para os que pensam de maneira semelhante se aproximar. **A chave do bem viver é cuidar da frequência vibratória que sintoniza.** Cada gesto indigno, cada ação desonrosa, cada pensamento degradante, cada palavra mentirosa vai ligando a pessoa aos espíritos infelizes.

PERGUNTAS

O QUE É PROVAÇÃO E EXPIAÇÃO? Provação é situação muito difícil ou excesso de sofrimento que testa a capacidade de superação de um indivíduo. Expiação é pagar culpas e consequências, compensando delitos através do cumprimento de pena ou penitência.

COMO IDENTIFICAR OS QUE ESTÃO EM EXPIAÇÃO? Os que estão em expiação geralmente aceitam mal as situações difíceis que se apresentam, mostrando a todo o momento sua revolta. Atravessam a existência a reclamar do "peso de sua cruz".

MISÉRIA MATERIAL É UMA EXPIAÇÃO? A miséria não é necessariamente uma expiação, podendo ser uma opção do espírito que julga importante a pobreza material para uma provação, entendendo que será útil ao seu progresso. Por outro lado é necessário observar que pessoas com alto padrão de vida podem estar amargando pesada expiação, porque ao contrário do senso comum, posição social não determina a natureza das experiências vividas pelo espírito. A pessoa rica financeiramente pode estar em processo de desolada purgação como consequência, e o desfavorecido de posses pode ser feliz com o que tem. Porém, o livre arbítrio é fator preponderante na vida de todo ser humano, e aquele que faz planos de quitar as dívidas nessa esfera espiritual pode viver com tolerância as provações se conseguir **despertar do sono profundo** em que vive, **lembrando-se de si mesmo** e desapegando das coisas materiais que o fascina.

COMO IDENTIFICAR OS QUE ESTÃO EM PROVAÇÃO? Os que estão em provação aceitam melhor as adversidades porque as dificuldades foram idealizadas por eles, desta forma tendem a aceitar com mais equilíbrio e sem revolta. Como um aluno que se submete a exame, tenta fazer o melhor, habilitando-se a estágio superior.

O QUE SIGNIFICA DESCARGA OU DESCARREGO NA UMBANDA? Significa que se vai afastar perturbações espirituais ou obsessores que estão atormentando uma pessoa, uma casa de comércio ou residência, ou os médiuns de um Terreiro de Umbanda.

Esta obra é o livro 2 da série "Umbanda, Muito Prazer!".

Livro 1 – Descomplicando os Guias de Umbanda

Livro 2 – Mediunidade na Umbanda

Livro 3 – Os Orixás na Umbanda

Livro 4 – O Ritual de Umbanda

Livro 5 – As Perguntas e Respostas da Umbanda

Para saber mais sobre nossos títulos e autora e enviar seus comentários sobre este livro, mande email para elianapacco@gmail.com

Made in the USA
Middletown, DE
07 September 2017